高校入試 近道問題 **20公民**

この本の特色

① **コンパクトな問題集**

入試対策として必要な単元・項目を短期間で学習できるよう，コンパクトにまとめた問題集です。直前対策としてばかりではなく，自分の弱点を見つけ出す診断材料としても活用できるようになっています。

② **当社オリジナル作成の1問1答を直前対策に**

1問1答のページは，各単元の中でも特に重要な用語などについての問題が収録されています。入試直前の仕上げに効果的です。また，**問題文中の太字で大きく表した用語なども関連づけて覚えておくと効果は倍増**するでしょう。

③ **豊富なデータに基づく4択問題・実戦問題**

英俊社の「高校別入試対策シリーズ」をはじめとする豊富な入試問題を分析し，「よく出る」問題を厳選しています。実際の入試問題に慣れることで入試本番での得点アップにつなげてください。

この本の内容

JN032593

1 日本国憲法

◆ 次の ☐ に適当な語句を書きなさい。

（前　文）　日本国民は，正当に選挙された国会における代表者を通じて行動し，……[(1)　　　]の行為によって再び戦争の惨禍が起ることのないやうにすることを決意し，ここに主権が[(2)　　　]に存することを宣言し，この憲法を確定する。そもそも国政は，国民の厳粛な[(3)　　　]によるものであって，その[(4)　　　]は国民に由来し，その[(5)　　　]は国民の代表者がこれを行使し，その[(6)　　　]は国民がこれを享受する。……

　　　　日本国民は，恒久の[(7)　　　]を念願し，人間相互の関係を支配する崇高な[(8)　　　]を深く自覚するのであって，平和を愛する諸国民の公正と[(9)　　　]に信頼して，われらの安全と生存を保持しようと決意した。
（以下略）

（第1条）　天皇は，日本国の[(10)　　　]であり日本国民統合の[(10)　　　]であって，この地位は，[(11)　　　]の存する日本国民の[(12)　　　]に基く。

（第3条）　天皇の国事に関するすべての行為には，内閣の[(13)　　　]と[(14)　　　]を必要とし，内閣が，その責任を負ふ。

（第9条）①　……国権の発動たる[(15)　　　]と，武力による威嚇又は武力の行使は，[(16)　　　]を解決する手段としては，永久にこれを[(17)　　　]する。

　　　②　前項の目的を達するため，陸海空軍その他の[(18)　　　]は，これを保持しない。国の[(19)　　　]権は，これを認めない。

（第11条）　国民は，すべての[(20)　　　]の享有を妨げられない。この憲法が国民に保障する基本的人権は，侵すことのできない[(21)　　　]の権利として，現在及び将来の国民に与へられる。

（第13条）　すべて国民は，[(22)　　　]として尊重される。生命，自由及び[(23)　　　]に対する国民の権利については，[(24)　　　]に反しない限り，立法その他の国政の上で，最大の[(25)　　　]を必要とする。

（第14条）①　すべて国民は，[(26)　　　]に平等であって，人種，信条，性別，社会的身分又は門地により，[(27)　　　]的，経済的又は社会的関係において，差別されない。

(第21条)① 集会，結社及び言論，出版その他一切の [28]⬚ の自由は，これを保障する。

(第22条)① 何人も，公共の福祉に反しない限り，居住，移転及び [29]⬚ の自由を有する。

(第25条)① すべて国民は，健康で [30]⬚ 的な [31]⬚ 限度の生活を営む権利を有する。

(第26条)① すべて国民は，法律の定めるところにより，その能力に応じて，ひとしく [32]⬚ を受ける権利を有する。

　② すべて国民は，法律の定めるところにより，その保護する子女に普通教育を受けさせる [33]⬚ を負ふ。義務教育は，これを無償とする。

(第27条)① すべて国民は，[34]⬚ の権利を有し，義務を負ふ。

(第32条) 何人も，[35]⬚ において裁判を受ける権利を奪はれない。

(第41条) 国会は，[36]⬚ の最高機関であって，国の唯一の [37]⬚ 機関である。

(第54条)① 衆議院が解散されたときは，解散の日から [38]⬚ 日以内に，衆議院議員の総選挙を行ひ，その選挙の日から [39]⬚ 日以内に，国会を召集しなければならない。

(第59条)① 法律案は，この憲法に特別の定のある場合を除いては，両議院で可決したとき法律となる。

　② 衆議院で可決し，参議院でこれと異なった議決をした法律案は，衆議院で出席議員の [40]⬚ 以上の多数で再び可決したときは，法律となる。

(第64条)① 国会は，罷免の訴追を受けた裁判官を裁判するため，両議院の議員で組織する [41]⬚ 裁判所を設ける。

(第66条)① 内閣は，法律の定めるところにより，その首長たる内閣総理大臣及びその他の [42]⬚ 大臣でこれを組織する。

(第76条)③ すべて裁判官は，その [43]⬚ に従ひ独立してその職権を行ひ，この [44]⬚ 及び [45]⬚ にのみ拘束される。

(第96条)① この憲法の改正は，各議院の [46]⬚ 議員の [47]⬚ 以上の賛成で，国会が，これを [48]⬚ し，国民に提案してその承認を経なければならない。この承認には，特別の [49]⬚ 投票又は国会の定める選挙の際行はれる投票において，その [50]⬚ の賛成を必要とする。

▶▶▶▷ **1問1答** ◀◀◀◀　次の □ に適当な語句を書きなさい。

(1)　1889年，天皇を主権者としてアジアで最初に成立した**欽定憲法**を何というか。

(2)　日本国憲法が施行された日は，現在，**憲法記念日**として定められているが，その年月日はいつか。

(3)　日本国憲法ではこの憲法に違反する法規はすべて無効としている。このため，日本国憲法は何と呼ばれているか。

(4)　日本国憲法の三大原則の１つで，「国民が，国の政治のあり方を決める最高の権力をもつ」ことを何というか。

(5)　日本国憲法において，天皇は日本国および日本国民統合の何と規定されているか。

(6)　日本国憲法の規定に基づき，天皇が**内閣の助言と承認**によって行う形式的・儀礼的な行為を何というか。

(7)　日本国憲法第41条では，国会は**国権の最高機関**であり，唯一の何と定められているか。

(8)　日本国憲法**第9条**では，戦争放棄・（　　）の不保持・交戦権の否認が定められている。（　　）にあてはまる語句は何か。

(9)　わが国の**自衛隊**では，内閣総理大臣が最高指揮権をもち，軍人が政治に介入しないしくみがとられている。これを何というか。

(10)　憲法改正の発議後，満18歳以上の国民の**過半数の賛成**を得ると憲法は改正されるが，その賛否は何によって示されるか。

(11)　日本国憲法第13条で，この憲法が保障する基本的人権は，ある条件に反しない限り，最大の尊重を必要とすることを定めているが，ある条件とは何か。

(12)　日本国憲法第25条で保障される**生存権**に基づき認められている制度で，社会保険や公的扶助などからなるものを何というか。

(13)　日本国憲法で規定されている国民の**三大義務**は，子どもに教育を受けさせる義務・勤労の義務とあともう１つは何か。

▶▶▶▶ **4択問題** ◀◀◀◀

(1) 大日本帝国憲法について述べた文として最も適切なものを，次のア～エから1つ選びなさい。（　　　）　　　　　　　　　　　　　　　（京都橘高）

　ア　この憲法は議院内閣制を定めていたアメリカの憲法にならって作られた。

　イ　この憲法の下での議会は，貴族院と衆議院の二院制であった。

　ウ　この憲法では，労働基本権が保障されており，労働条件が大きく改善された。

　エ　この憲法では，国民の権利は生まれながらの権利であるとして，制限なく認められていた。

(2) 日本国憲法の基本原則ではないものを，次のア～エから1つ選びなさい。
　　　　　　　　　　　　　　　　　　　　　　　　　（　　　）（英真学園高）

　ア　国民主権　　イ　男女平等　　ウ　基本的人権の尊重　　エ　平和主義

(3) 日本国憲法で定められている「国民の義務」として適当でないものを，次のア～エから1つ選びなさい。（　　　）　　　　　　　　　　　（京都外大西高）

　ア　普通教育を受けさせること

　イ　健康で文化的な最低限度の生活を営むこと

　ウ　勤労をすること　　エ　納税をすること

(4) 日本国憲法第9条の条文の内容として適当でないものを，次のア～エから1つ選びなさい。（　　　）　　　　　　　　　　　　　　　　　　　（清風高）

　ア　平和を愛する諸国民の公正と信義に信頼する。

　イ　国際紛争を解決する手段としては，戦争を永久に放棄する。

　ウ　陸海空軍その他の戦力を保持しない。

　エ　国の交戦権を認めない。

(5) 憲法改正手続きに関する記述として正しいものを，次のア～エから1つ選びなさい。（　　　）　　　　　　　　　　　　　　　　　　（神戸学院大附高）

　ア　憲法改正に関する国民投票法は，日本国憲法と同時に制定された。

　イ　憲法改正に関する国民投票法は，投票年齢を満20歳以上に引き下げた。

　ウ　憲法改正の承認には，国民投票において，その過半数の賛成が必要とされている。

　エ　憲法改正の発議には，衆参両議院において，それぞれ総議員の4分の3以上の賛成が必要とされる。

▶▶▶▶ **実戦問題** ◀◀◀◀

1 次のメモは，日本国憲法について書かれたものの一部である。これを見て，後の各問いに答えなさい。 (石川県)

●第1章　天皇（第1条〜第8条）

　　　・ ① 憲法改正の公布，国会の召集などの国事行為を行う。

●第2章　 ② （第9条）

●第3章　国民の権利及び義務（第10条〜第40条）

●第4章　国会（第41条〜第64条）

●第5章　内閣（第65条〜第75条）

(1) 下線部①について，次の文は，日本国憲法の改正の手続きの一部について述べたものである。（ X ），（ Y ）にあてはまる語句の組み合わせとして正しいものを，後のア〜エから1つ選び，その符号を書きなさい。（　　　　）

　　憲法を改正するには，各議院において，総議員の（ X ）の賛成で改正案を可決した後，（ Y ）がこれを発議し，国民投票を行い，国民の承認を得なければならない。

ア　X—過半数　　Y—内閣　　イ　X—3分の2以上　　Y—内閣

ウ　X—過半数　　Y—国会　　エ　X—3分の2以上　　Y—国会

(2) 次のア〜エのうち， ② にあてはまる適切な語句を1つ選び，その符号を書きなさい。（　　　　）

ア　最高法規　　イ　財政　　ウ　戦争の放棄　　エ　地方自治

2 次の(1)〜(4)の文章は，日本国憲法の前文の一部分，第1条，第9条，第13条の条文です。（ a ）〜（ d ）に入る語句の組み合わせとして正しいものを，それぞれア〜エの中から1つ選び記号で答えなさい。 (大阪体育大学浪商高)

(1)(　　　) (2)(　　　) (3)(　　　) (4)(　　　)

(1) ［前文の一部分］

　　日本国民は，正当に（ a ）された国会における代表者を通じて行動し，われらとわれらの（ b ）のために，諸国民との 協 和（きょうわ）による成果と，わが国全土にわたつて自由のもたらす恵沢（けいたく）を確保し，政府の行為によつて再び戦争

の（　c　）が起ることのないやうにすることを決意し，ここに（　d　）が国民に存することを宣言し，この憲法を確定する。

ア　(a) 選挙　　(b) 家族　　(c) 悲劇(ひげき)　　(d) 主権

イ　(a) 選挙　　(b) 子孫　　(c) 惨禍(さんか)　　(d) 主権

ウ　(a) 指名　　(b) 子孫　　(c) 惨禍　　(d) 国権

エ　(a) 指名　　(b) 家族　　(c) 悲劇　　(d) 国権

(2)　［第1条］

　　（　a　）は，日本国の象徴(しょうちょう)であり日本国民（　b　）の象徴であつて，この地位は，（　c　）の存する日本国民の（　d　）に基く。

ア　(a) 国王　　(b) 全体　　(c) 国権　　(d) 意思

イ　(a) 国王　　(b) 統合　　(c) 主権　　(d) 総意

ウ　(a) 天皇　　(b) 統合　　(c) 主権　　(d) 総意

エ　(a) 天皇　　(b) 全体　　(c) 国権　　(d) 意思

(3)　［第9条］

①日本国民は，正義(せいぎ)と秩序(ちつじょ)を基調(きちょう)とする（　a　）を誠実に希求(せいじつ)(ききゅう)し，国権の発動(はつどう)たる戦争と，武力による威嚇(いかく)又は武力の行使は，（　b　）を解決する手段としては，永久にこれを放棄(ほうき)する。

②前項の目的を達するため，陸海空軍その他の（　c　）は，これを保持しない。国の（　d　）は，これを認めない。

ア　(a) 国際平和　　(b) 国際紛争(ふんそう)　　(c) 戦力　　(d) 交戦権

イ　(a) 独立　　(b) 国際紛争　　(c) 兵力　　(d) 交戦権

ウ　(a) 国際平和　　(b) 国際問題　　(c) 戦力　　(d) 交渉権

エ　(a) 独立　　(b) 国際問題　　(c) 兵力　　(d) 交渉権

(4)　［第13条］

　　すべて国民は，（　a　）として尊重される。（　b　），自由及び幸福追求に対する国民の権利については，（　c　）に反しない限り，立法その他の国政の上で，（　d　）の尊重を必要とする。

ア　(a) 個人　　(b) 生命　　(c) 公共の福祉　　(d) 最大

イ　(a) 人格者　　(b) 平等　　(c) 公共の福祉　　(d) 最大

ウ　(a) 人格者　　(b) 平等　　(c) 基本的人権　　(d) 最高

エ　(a) 個人　　(b) 生命　　(c) 基本的人権　　(d) 最高

2 基本的人権

▶▶▶▶ 1問1答 ◀◀◀◀　次の □□□ に適当な語句を書きなさい。

(1)　第一次世界大戦に敗れた**ドイツ**が制定し，世界で最初に社会権を規定したものとして，当時最も民主的とされた憲法は何か。□□□

(2)　1948年に国連総会で採択された**世界人権宣言**を発展させ，1966年，その締約国に法的な拘束力をもたせたものとして成立した規約を何というか。□□□

(3)　日本国憲法において保障された労働者の基本的な権利である，団結権・団体交渉権・団体行動権（争議権）をまとめて何というか。□□□

(4)　労働者の基本的権利について定めた**労働三法**とは，労働関係調整法・労働組合法とあともう1つは何か。□□□

(5)　1985年に制定され，**男女間における雇用の差別をなくし**，女性の勤労権を保障することをめざした法律は何か。□□□

(6)　人権を尊重して責任を分かち合い，男女が対等な構成員として社会参画を行う基本理念をうたった法律は何か。□□□

(7)　日本国憲法は基本的人権の尊重を定めているが，社会の発展と変化につれて**新しい人権**が主張されるようになってきた。このうち，日照権を含む権利を何というか。□□□

(8)　日本国憲法には規定されていないが，判例などをもとに認められるようになってきた**新しい人権**のうち，私生活をみだりに公開されない権利を何というか。□□□

(9)　**新しい人権**のうち，マス・メディアを通じ自由に情報を入手したり，国会などに対して情報の提供を求める権利を何というか。□□□

(10)　**新しい人権**のうち，個人が自分の生活や生き方について自由に決定する権利を何というか。□□□

(11)　社会的弱者である高齢者や障がい者の生活にとって障壁となるものを取り除こうとする考え方を何というか。□□□

▶▶▶▶　4択問題　◀◀◀◀

(1)　『市民政府二論』において専制政治を批判し，人間が生まれながらにもつ権利である自然権を主張したイギリスの思想家として適当なものを，次のア～エから1つ選びなさい。（　　　）　　　　　　　　　　　　　　　　（浪速高）

　　ア　モンテスキュー　　イ　ロック　　ウ　ルソー　　エ　ヴォルテール

(2)　日本国憲法で保障されている権利として適当でないものを，次のア～エから1つ選びなさい。（　　　）　　　　　　　　　　　　　　（中村学園女高）

　　ア　勤労の権利　　　　　イ　納税の権利
　　ウ　教育を受ける権利　　エ　裁判を受ける権利

(3)　「平等権」と関係のない法律を，次のア～エから1つ選びなさい。（　　　）　　　　　　　　　　　　　　　　　　　　　　　（清明学院高）

　　ア　教育基本法　　　　　イ　男女雇用機会均等法
　　ウ　アイヌ文化振興法　　エ　バリアフリー新法

(4)　自由権の内容として誤っているものを，次のア～エから1つ選びなさい。
　　　　　　　　　　　　　　　　　　　　　（　　　）（阪南大学高）

　　ア　軍事・国防の自由　　イ　経済活動の自由
　　ウ　生命・身体の自由　　エ　精神活動の自由

(5)　生存権に関する記述として正しいものを，次のア～エから1つ選びなさい。
　　　　　　　　　　　　　　　　　　　　（　　　）（大阪学院大高）

　　ア　わが国は，公的扶助・社会保険・社会福祉などの社会保障を充実させてきたので，将来の生活に不安を持つ人はほとんどいません。
　　イ　近年では，国内の経済格差が縮小し，生活保護を受ける世帯も減少しています。
　　ウ　日本国憲法では，「すべて国民は，健康で文化的な中流程度の生活を営む権利を有する。」と定めています。
　　エ　少子高齢化が急速に進んでいるため，それに対応した年金制度の整備が急がれています。

(6)　自己決定権に最も関係のあるものを，次のア～エから1つ選びなさい。
　　　　　　　　　　　　　　　　　　　　（　　　）（金光大阪高）

　　ア　ノーマライゼーション　　　　イ　セーフティネット
　　ウ　インフォームド・コンセント　エ　ユニバーサルデザイン

▶▶▶▶ **実戦問題** ◀◀◀◀

1 次の文章を読み，各問いに答えなさい。 (博多女高)

現代国家は，①国民の総意にもとづいた権力を用いて，国民の自由や権利を守っている。②人間が生まれながらにもつ，自由・平等などの権利は，18世紀のヨーロッパでおこった（ ③ ）を通してめばえ，絶対的な国王の権限を制約するという形で発展してきた。この間に，④イギリスやフランスの思想家により，理性に基づいた人間解放の思想が説かれて近代民主主義の基本原則が確立された。また，それを実際の政治のうえで保障するために，憲法を制定するようになった。さらに，20世紀になると，すべての人が人間らしく豊かに生活するための権利として，⑤社会権が認められるようになった。現在，わが国では社会の変化にともない，⑥国や地方公共団体などに対して，情報の公開を求める権利などの新しい人権も主張されるようになってきている。

(1) 文中の下線部①の理想的なあり方を示しているのが，次のリンカーンの言葉である。その中の３つの（ ）に入る共通の語句を答えなさい。

（　　　　　）

「（ ）の，（ ）による，（ ）のための政治」

(2) 文中の下線部②の権利を何というか，答えなさい。（　　　　　）

(3) 文中の（ ③ ）に入る語句を答えなさい。（　　　　　）

(4) 文中の下線部④の出身で，「人民は人権を侵す政府を変更することができる」と主張した人物は誰か。次のア～エのうちから１つ選び，記号で答えなさい。（　　　）

ア　モンテスキュー　　イ　ルソー　　ウ　ロック　　エ　ワシントン

(5) 文中の下線部⑤について，世界で最初に社会権を保障したドイツの憲法は何か，答えなさい。（　　　　　）

(6) 文中の下線部⑥は，一般的に何と呼ばれる権利か，次のア～エのうちから１つ選び，記号で答えなさい。（　　　）

ア　環境権　　　イ　情報審査権

ウ　知る権利　　エ　プライバシーの権利

2 次の文を読み，後の問いに答えなさい。　　　　　　　　　（京都光華高）

　近代の人権思想で保障されたのは（　あ　）権でした。そして，19世紀には自由な経済活動が盛んになり，（　い　）経済が発展しました。しかし，それとともに社会の中の（　う　）の差が広がり，労働者は低賃金での長時間労働を強いられました。20世紀になると①人間らしい生活を保障しようとする社会権が発展しました。

(1) 上の文の（　あ　）～（　う　）にあてはまる語句をそれぞれ答えなさい。

　　　あ（　　　　　　）　い（　　　　　　　）　う（　　　　　　）

(2) ①下線部の権利は「人間らしい生活」を保障する社会権のひとつの「生存権」である。この権利を世界ではじめて明記した憲法の名称を答えなさい。

　　　　　　　　　　　　　　　　　　　　　　　　　　　（　　　　　　　）

(3) 社会権の「勤労の権利」について，日本国憲法第27条に記載されている内容に関して誤りを含むものを次の**ア～エ**から1つ選び記号で答えなさい。

　　　　　　　　　　　　　　　　　　　　　　　　　　　　（　　　　　）

　　ア 国民は，勤労の権利を有し，義務を負う。

　　イ 児童は酷使してはならない。

　　ウ 勤労条件の基準などは法律で定める。

　　エ 勤労者の団結権を保障する。

(4) 右の図はバリアフリーになっている箇所がたくさんある駅の周辺を示したものである。このように，全ての人が社会の一員として自立した生活が送れるようにすることを何といいますか，答えなさい。（　　　　　　　）

(5) 次の写真のように誰にでも公平で無理なく安全に使用できるように設計されたデザインを何といいますか，答えなさい。（　　　　　　　）

取っ手が長いので，持つ位置をユーザーが自由自在に変えられる。

沸騰するときに"ピーッ"と音が鳴るしくみ。

3 国会・内閣・裁判所 近道問題

▶▶▶▷ 1問1答 ◁◀◀◀ 次の ☐ に適当な語句を書きなさい。

(1) 『**法の精神**』を著し，三権分立の考えを説いたフランスの思想家はだれか。 ☐

(2) **内閣**が国会の信任に基づき成立し，国会に対して責任をもつ政治制度を何というか。 ☐

(3) **内閣総理大臣**は，何の中から国会の議決によって指名され，その後に天皇によって任命されるか。 ☐

(4) 通常国会・臨時国会・特別国会のうち，衆議院解散後に行われる総選挙の日から**30日以内**に召集される国会はどれか。 ☐

(5) 予算や内閣総理大臣の指名について，衆議院と参議院とが異なった議決をした場合に**両議院の代表が開く会議**を何というか。 ☐

(6) 国会内に設置される機関で，**裁判官を辞めさせる**かどうかを決定する権限をもつものを何というか。 ☐

(7) 衆議院は参議院よりも議員の任期が短く，解散もあるため，**より民意を反映しやすい**とされる。そのため，衆議院の（　　）が認められている。（　　）に入る語句は何か。 ☐

(8) 内閣総理大臣とその他すべての国務大臣が参加し，議決は原則**全会一致**によって決定される会議を何というか。 ☐

(9) **最高裁判所の裁判官**が適任かどうかを，国民の投票によって決める制度を何というか。 ☐

(10) **裁判所**がもつ，法律や命令が憲法に違反していないかどうかを審査する権限を何というか。 ☐

(11) 日本では，慎重かつ公正を期すために**3回**まで裁判を受ける権利が保障されている。このような制度を何というか。 ☐

(12) 有権者から無作為に選ばれた**裁判員**が刑事裁判に加わり，裁判官とともに判決を下す制度を何というか。 ☐

▶▶▶▶　4択問題　◀◀◀◀

(1)　国会のしごととして正しいものを，次のア～エから１つ選びなさい。

（　　　　）（京都廣学館高）

　　ア　条約の締結　　イ　国政調査権　　ウ　法律の執行　　エ　政令の制定

(2)　国会に関する会期について説明した文として誤っているものを，次のア～エから１つ選びなさい。（　　　　）　　　　　　　　　　　　　　　　（関西大学高）

　　ア　常会（通常国会）は，１月中に召集され，会期は150日である。

　　イ　特別会（特別国会）は，衆議院の解散による総選挙の日から30日以内に召集される。

　　ウ　臨時会（臨時国会）は，両議院の議長が必要と認めたとき召集される。

　　エ　それぞれの会期は，審議の内容に応じて延長することができる。

(3)　内閣について述べた文として適当でないものを，次のア～エから１つ選びなさい。（　　　　）　　　　　　　　　　　　　　　　　　　　　　　（京都外大西高）

　　ア　国務大臣は内閣総理大臣によって任命される。

　　イ　閣議を開いて，行政の運営についての方針を決定する。

　　ウ　天皇の国事行為に対する助言と承認を行う。

　　エ　憲法審査会が設けられ，憲法に関する調査や改正案の審議を行う。

(4)　大きな政府の内容として誤っているものを，次のア～エから１つ選びなさい。

（　　　　）（精華女高）

　　ア　民間企業の活力を引き出し，市場経済による経済社会の発展を目指す。

　　イ　国民の実態に応じて，年金や医療などの社会保障を充実させる。

　　ウ　教育や雇用の確保などを行うため，国民の所得格差を小さくしようとする。

　　エ　歳出増加にともない多くの税金を徴収するため，国民の負担は大きくなる。

(5)　わが国の内閣は国会から生まれ，国会との信頼関係にもとづいて成立し，国会に対して責任を負っている。このような制度を何というか。次のア～エから１つ選びなさい。（　　　　）　　　　　　　　　　　　　　　　　（大阪夕陽丘学園高）

　　ア　比例代表制　　　　イ　リコール制

　　ウ　オンブズマン制　　エ　議院内閣制

(6)　第一審が地方裁判所で行われて控訴した場合，第二審が行われる裁判所として正しいものを，次のア～エから１つ選びなさい。（　　　　）　　　　（清風高）

　　ア　最高裁判所　　イ　高等裁判所　　ウ　家庭裁判所　　エ　簡易裁判所

▶▶▶▶ **実戦問題** ◀◀◀◀

1 次の文章を読み，(1)～(4)に答えなさい。　　　　　　　（花園高）

　国会のおもな権限は①法律制定権である。その他に行政部を②監督する権限として予算の議決，条約の承認や内閣総理大臣の指名権も持っており，さらに憲法改正の発議権も与えられている。日本は衆議院と③参議院からなる二院制をとっているが，二院制の意義を問い直すことも必要である。また（　1　）主導から政治家主導の政治をめざして，（　1　）が政府委員として国会で答弁することが廃止され，国会議員から任命される副大臣や大臣政務官が導入されている。

　日本の国会議員は，衆議院では（　2　）比例代表並立制によって選出されている。参議院では比例代表と，一部合区も採用されているが，都道府県単位の選挙区からそれぞれ選出されている。2015年には（　3　）法の改正によって，多くの国で実施している18歳選挙権が実現したが，議員定数不均衡問題など解決すべき課題も多い。

(1)　（　1　）～（　3　）にあてはまるものをそれぞれア～エより1つ選びなさい。

　　1（　　　）　2（　　　）　3（　　　）

　　1．ア　政党　　イ　国民　　ウ　天皇　　エ　官僚

　　2．ア　小選挙区　　イ　中選挙区　　ウ　大選挙区　　エ　全国区

　　3．ア　地方自治　　イ　普通選挙　　ウ　公職選挙　　エ　政党助成

(2)　下線部①について述べたものとして正しいものをア～エより1つ選びなさい。（　　　）

　　ア　衆議院の議決と異なる議決を参議院がした場合，衆議院で出席議員の3分の2以上で再可決したときは，法律となる。

　　イ　衆議院の議決と異なる議決を参議院がした場合，両院協議会が開かれる。

　　ウ　衆議院が可決した法律案を，参議院が受け取った後100日以内に議決しないとき，衆議院は参議院が否決したとみなすことができる。

　　エ　法律案は，さきに衆議院に提出しなければならない。

(3)　下線部②で述べられている権限の中で，衆議院の優越が認められていないものをア～エより1つ選びなさい。（　　　）

　　ア　予算の議決　　　　　イ　条約の承認

　　ウ　内閣総理大臣の指名　　エ　憲法改正の発議

(4)　下線部③について，参議院にあてはまるものをア～エより1つ選びなさい。

（　　　　）

ア　任期4年　　　　　　　イ　解散がない
ウ　内閣不信任決議の提出　エ　被選挙権は25歳以上

2　次の文章を読み，後の問いに答えなさい。　　　　　　　　（京都精華学園高）

　行政権をもつ内閣は，内閣総理大臣と国務大臣で構成され，内閣のもとに
①省庁がおかれ仕事を分担している。内閣総理大臣は行政の最高責任者であり，
国会議員の中から国会が指名し，（　a　）が任命する。また，国務大臣は内閣総理
大臣が任命するが，その過半数は国会議員でなければならないと定められている。
内閣は②政府の方針や政策の内容を決定する会議を開き，国会が決めた法律や
（　b　）により，③行政機関を指揮・監督して実際の政治をおこなう。内閣の仕
事には，（　b　）案や④法律案をつくって国会に提出することや，（　c　）の締結，
⑤最高裁判所長官の指名，天皇の（　d　）に対する助言と承認などがある。また，
⑥国の行政活動はさまざまな分野に及び，近年は行政を効率化していく行政改
革が進められている。

　内閣は，⑦国会の信任にもとづいて成立し，行政権の行使について国会に対
して連帯責任を負うしくみになっている。また，内閣に対して⑧衆議院は内閣
不信任決議をおこなうことができる。衆議院が内閣不信任案を可決した場合は，
内閣は10日以内に⑨衆議院を解散して総選挙で国民の意思を問うか，総辞職
しなければならない。

(1)　（　a　）～（　d　）に入る語句を答えなさい。

　　(a)(　　　　　　　)　(b)(　　　　　　　)　(c)(　　　　　　　)　(d)(　　　　　　　)

(2)　下線部①について，海上保安庁はどの省に属するか，次から1つ選び記号
　　で答えなさい。（　　　　　　）

　　ア　国土交通省　　イ　総務省　　ウ　文部科学省　　エ　経済産業省

(3)　下線部②を何というか，答えなさい。（　　　　　　　）

(4)　下線部③ではないものを次から1つ選び，記号で答えなさい。（　　　　　）

　　ア　消防庁　　イ　郵便局　　ウ　公正取引委員会　　エ　人事院

(5)　下線部④を提出できるのは内閣と何か，次から1つ選び記号で答えなさい。

（　　　　）

　　ア　国会議員　　イ　天皇　　ウ　裁判所　　エ　公聴会

(6) 下線部⑤が最終決定権をもつ，法律・命令などが憲法に違反していないかどうかを判断する権限を何というか，答えなさい。（　　　　　　）

(7) 下線部⑥にあてはまらないものを次から1つ選び，記号で答えなさい。

（　　　）

ア　災害の対策　　　　イ　年金などの社会保障
ウ　対外的な安全保障　　エ　犯罪者の裁判

(8) 下線部⑦を何というか，答えなさい。（　　　　　　）

(9) 下線部⑧に関する説明として正しいものを次から1つ選び，記号で答えなさい。（　　　）

ア　議員の任期は6年である。

イ　議員数は475人である。

ウ　小選挙区と比例代表で選出される。

エ　被選挙権は30歳以上である。

(10) 下線部⑨の日から30日以内に召集される国会を次から1つ選び，記号で答えなさい。（　　　）

ア　常会　　イ　特別会　　ウ　臨時会　　エ　緊急集会

3 右の図を見て，日本の裁判所や裁判制度に関する，以下の問いに答えなさい。

（初芝橋本高）

(1) 右の図のように，裁判を公正かつ慎重におこなうために，同じ事件について三段階で裁判を求めることができます。このような制度を何というか答えなさい。

（　　　　　　）

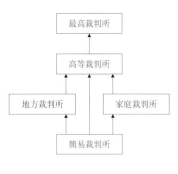

(2) (1)の制度において，第一審の判決に不服があれば，上級の裁判所に対して，第二審を求めることができます。これを何というか答えなさい。

（　　　　　　）

(3) 右上の図で示した5種類の裁判所のうち，家事事件や少年事件をおもに扱い，原則的に非公開で傍聴できない裁判所はどれですか。解答欄にあうように答えなさい。（　　　　　裁判所）

(4) 刑事裁判についての説明として誤っているものを，次のア〜エから1つ選び，記号で答えなさい。（　　　）

　ア　被告人には弁護人を依頼する権利が認められており，経済的な理由で弁護人を依頼できない人も国選弁護人を依頼することができる。

　イ　日本の裁判では，法律の定める手続きによらなければ，刑罰を科せられないと日本国憲法で定められている。

　ウ　刑事裁判では，被告人の自白がもっとも重要な証拠とされるため，その他に証拠がなくても，被告人の自白のみで有罪にすることができる。

　エ　2008年から被害者や遺族が法廷に入り，被告人に直接質問をしたり，求刑で意見を述べたりすることができる制度がはじまった。

(5) 2009年からはじまった裁判員制度や司法制度改革についての説明として誤っているものを，次のア〜エから1つ選び，記号で答えなさい。（　　　）

　ア　裁判員は，重大な刑事事件の裁判で裁判官といっしょに裁判に参加する。

　イ　裁判員は被告人の有罪・無罪を判断するだけで，その量刑については判断しない。

　ウ　裁判の期間短縮と手続きの充実をめざし，裁判の前にあらかじめ争点や証拠を絞り込んでおく手続きがとられている。

　エ　裁判員裁判の判決に不服があっても，第二審で裁判員裁判を受けることはできない。

(6) 裁判所は，国会や内閣とともに日本の三権分立の一角を担っています。三権分立について説明した次の①〜⑤の文について，正しければ○，誤っていれば×と答えなさい。

　　①（　　　）②（　　　）③（　　　）④（　　　）⑤（　　　）

　①　すべての裁判官は国会の弾劾裁判によらなければ，辞めさせられることはない。

　②　裁判所は，国会が定める法律や内閣が定める政令などが憲法に違反していないかどうかを判断する違憲審査権をもつ。

　③　国会は国会議員の中から内閣総理大臣を任命する。

　④　内閣不信任の決議をおこなうことができるのは参議院のみである。

　⑤　三権分立の考え方を「法の精神」で提唱したのはモンテスキューである。

4 選挙・地方自治

近道問題

▶▶▶▶ 1問1答 ◀◀◀◀　次の □ に適当な語句を書きなさい。

(1) 日本の選挙では**4つの原則**が採用されているが，それは，平等選挙・秘密選挙・直接選挙とあと1つは何か。 □

(2) **選挙権**があたえられるのは，満何歳以上の男女か。 □

(3) **参議院議員**や**都道府県知事**の被選挙権が与えられるのは，満何歳以上か。 □

(4) **衆議院**議員総選挙において採用されている選挙制度を何というか。 □

(5) 国会議員を選ぶ選挙で，議員1人を当選させるのに必要な人数が選挙区によって異なることから生まれる問題を何というか。 □

(6) 選挙のさい，政党や候補者が政権獲得後に実施する政策の実施期限や予算などを具体的に有権者に示すものを何というか。 □

(7) **日本国憲法**は，地域の住民が自らの手で政治を行えるよう保障している。これについて，さらにくわしく定められた法律は何か。 □

(8) 地方議会によって，**憲法・法律の範囲内で**制定されるきまりのことを何というか。 □

(9) 地方自治に**直接民主制**を取り入れるため，住民に認められている権利を何というか。 □

(10) 地方公共団体の首長や議員，その他の公務員の**解職を請求する**ことを何というか。カタカナで書きなさい。 □

(11) 首長・議員の解職や議会の解散の請求先はどこか。 □

(12) ある特定の地方公共団体に適用される**特別法**は，国会での可決後，その地方公共団体の有権者の過半数の賛成がないと成立しない。このときに行う投票を何というか。 □

(13) 近年，国から地方公共団体へ**財源**や**政治権力を委譲**し，権力分立をめざす方針が進められているが，このことを何というか。 □

▶▶▶▶ **4択問題** ◀◀◀◀

(1) 選挙権は，どの人権に含まれるか。次のア～エから1つ選びなさい。

（　　　）（筑陽学園高）

　ア　社会権　　イ　自由権　　ウ　参政権　　エ　新しい人権

(2) 小選挙区の選挙の持つ特色について述べた次の文のうち，適当でないものを，次のア～エから1つ選びなさい。（　　　）　　　　　　　　（関大第一高）

　ア　いろいろな候補者から選択できる幅が広がる。

　イ　大政党が出現しやすくなり，政権は安定する。

　ウ　候補者のことが身近で，わかりやすくなる。

　エ　投票した候補者が当選しない，いわゆる死票が多くなる。

(3) 選挙権年齢などを定めている法律名を，次のア～エから1つ選びなさい。

（　　　）（雲雀丘学園高）

　ア　国会議員選挙法　　イ　国家公務員選挙法

　ウ　公職選挙法　　　　エ　衆議院議員選挙法

(4) 現在の法律で定められている選挙制度について述べた文として適切でないものを，次のア～エから1つ選びなさい。（　　　）　　　　　　（大阪青凌高）

　ア　選挙日に投票に行けない人も，期日前に投票ができる。

　イ　気軽に選挙に参加できるように，インターネットを通じて投票ができる。

　ウ　海外でくらす日本国籍の人も，投票ができる。

　エ　病気・ケガなどによって字が書けなくても，代理人による投票ができる。

(5) 都道府県知事の被選挙権の条件として正しいものを，次のア～エから1つ選びなさい。（　　　）　　　　　　　　　　　　　　　　　（精華女高）

　ア　18歳以上　　イ　20歳以上　　ウ　25歳以上　　エ　30歳以上

(6) 首長と地方議会について述べた文として誤っているものを，次のア～エから1つ選びなさい。（　　　）　　　　　　　　　　　　　　（阪南大学高）

　ア　都道府県の知事に立候補できるのは満30歳以上です。

　イ　首長と地方議会の議員は，それぞれ別個に住民からの直接選挙で選ばれます。

　ウ　議会は，首長の方針に反対であれば，不信任の議決ができます。

　エ　首長は，議会を解散することができません。

▶▶▶▶ **実戦問題** ◀◀◀◀

1 次の文を読んで，各問いに答えなさい。　　　　　　　　　　（比叡山高）

　日本国憲法では，(a)国会や地方議会の議員や，地方公共団体の首長などの選挙を通じて，国民の意思を政治に反映させ政治参加することを保障しています。かつては，財産や身分，性別などによって選挙の権利に差がある（　①　）選挙がおこなわれていました。現在は，公職選挙法によって，一定の年齢以上のすべての国民に選挙権を保障する（　②　）選挙がおこなわれています。日本の国会の選挙は，衆議院選挙では（　③　）並立制，参議院選挙では選挙区制と(b)比例代表制が採られています。選挙制度を社会の変化に対応させていくため，2013 年にはインターネットによる選挙活動が解禁され，2015 年には選挙権年齢が（　④　）歳以上になるなどの法改正がおこなわれました。しかし，今日の選挙の課題として，棄権が多く投票率が低いことや，一票の格差などの問題が挙げられています。

(1)　文中の（　①　）～（　④　）にあてはまる語句や数字を，それぞれ答えなさい。

　　①（　　　　　　）　②（　　　　　　）　③（　　　　　　）　④（　　　　　　）

(2)　下線部(a)について，衆議院と参議院があり，衆議院の優越が認められています。その理由について述べた文として正しいものはどれですか，次のア～エから 1 つ選び，記号で答えなさい。（　　　　　）

　　ア　衆議院が解散しているときの対応は，参議院に任せられるため。

　　イ　衆議院は，解散はないが参議院より任期が短いため。

　　ウ　国民のさまざまな意見をより広く国会に反映させるため。

　　エ　両院の議決が異なった場合，国会の運営が停滞するのを防ぐため。

(3)　下線部(b)について，右の表の選挙結果から，日本の比例代表制の方式である「ドント式」に基づいて 6 名の当選人を決定するとします。このとき，4 番目と 6 番目に当選する人は誰ですか，表

名簿届出政党名	X 党	Y 党	Z 党
名簿登載者数	4 名	4 名	3 名
得票数	2000 票	1500 票	800 票
候補者 1	A さん	E さん	I さん
候補者 2	B さん	F さん	J さん
候補者 3	C さん	G さん	K さん
候補者 4	D さん	H さん	――

のА さん～К さんからそれぞれ選び，記号で答えなさい。

　　4 番目（　　　　さん）　6 番目（　　　　さん）

2 地方公共団体について，次の問いに答えなさい。 （大阪学芸高）

(1) 地方公共団体の仕事として誤っているものを，次のア〜エから1つ選び，記号で答えなさい。（　　　）

　　ア　条約の締結　　イ　上下水道の整備　　ウ　消防　　エ　ごみの処理

(2) 次の図は，鳥取県と東京都の歳入の割合を示したものである。図中のP〜Rにあてはまる語の組み合わせとして適切なものを，後のア〜エから1つ選び，記号で答えなさい。（　　　）

図

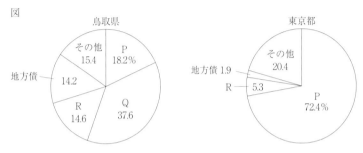

（2017年度：『データでみる県勢』2020年版により作成）

　　ア　P—地方交付税交付金　　　Q—地方税　　　　R—国庫支出金

　　イ　P—地方交付税交付金　　　Q—国庫支出金　　　R—地方税

　　ウ　P—地方税　　Q—国庫支出金　　　R—地方交付税交付金

　　エ　P—地方税　　Q—地方交付税交付金　　　R—国庫支出金

(3) 地方自治では，次の表のように，住民が署名を集めて住民の意思を政治に反映させるよう求める権利が与えられている。

表　議員の解職請求，議会の解散請求

請求内容	必要な署名	請求先
議員の解職請求	有権者の3分の1以上	（　A　）
議会の解散請求		

① このような権利を何というか，漢字5字で答えなさい。（　　　　　　）

② 表中の（　A　）にあてはまる請求先として適切なものを，次のア〜エから1つ選び，記号で答えなさい。（　　　）

　　ア　首長　　イ　選挙管理委員会　　ウ　監査委員　　エ　公安委員会

5 経済のしくみ

▶▶▶▶ 1問1答 ◀◀◀◀　次の 　　　 に適当な語句を書きなさい。

(1) 国の経済は，3つの経済主体が互いに密接な関係をもって成り立っている。その経済主体とは，企業・政府ともう1つは何か。

(2) 消費者が製品の欠陥による損害を被った場合，その製造者などに賠償責任を負わせることを定めた法律を何というか。

(3) 訪問販売やマルチ商法による契約の場合，契約から一定期間内ならばそれを撤回し，解除することができる制度を何というか。

(4) 消費者行政を統一的かつ一元的に推進するため，内閣府の外局として設置された省庁を何というか。

(5) 資本主義経済の1つの特徴で，売り上げの増加を目的に，企業同士がよりよい商品をつくり競っていることを何というか。

(6) 需要と供給のつりあいで決まる価格を何というか。

(7) 鉄道運賃や電気・ガス・水道料金のように，政府・地方公共団体の認可などによって決定されるものを何というか。

(8) 好景気のとき，企業の生産活動は活発化し，労働者の賃金とともに物価が上昇することが多いが，このような現象を何というか。

(9) (8)とは逆に，不景気のとき，物価が下落する現象を何というか。

(10) 経営方針や取締役などを選ぶ株式会社の意思決定機関で，株主が出資額（持株数）に応じた議決権をもつ会議を何というか。

(11) 少数の大企業だけがその生産部門の生産や市場を支配するようになった状態を何というか。

(12) 独占禁止法に違反する疑いがある企業の調査などを行う，内閣から独立した権限が認められた行政委員会を何というか。

(13) 地価や株価などが投機によって実際の価値以上に高騰し，一時的に景気が拡大した経済のことを何というか。

▶▶▶▶ **4択問題** ◀◀◀◀

(1) 市場の経済的自由競争について誤っているものを，次のア～エから１つ選びなさい。（　　　）　　　　　　　　　　　　（大阪体育大浪商高）

ア　生産者や消費者は，必要な生産資源や商品を手に入れるために競争する。

イ　少数の企業が価格や生産量を決め，独占価格が生まれる。

ウ　市場の競争にだれもが参加できる仕組みが必要である。

エ　多数の企業が価格や品質などの面で激しく競争する。

(2) 市場において活動する経済主体に含まれないものとして正しいものを，次のア～エから１つ選びなさい。（　　　）　　　　　　（大阪教大附高池田）

ア　銀行　　イ　政府　　ウ　家計　　エ　企業

(3) 株式会社が利益を出した場合，株主は利益の一部を受け取る。これを何とよぶか。次のア～エから１つ選びなさい。（　　　）　　（京都成章高）

ア　配当　　イ　資本　　ウ　所得　　エ　為替

(4) 消費者の権利を守るためにつくられた法律のうち，欠陥商品によって消費者が被害を受けた際の企業の責任について定めた法律を，次のア～エから１つ選びなさい。（　　　）　　　　　　　　　　　　　（京都文教高）

ア　製造物責任法　　イ　消費者基本法

ウ　消費者契約法　　エ　公害対策基本法

(5) 株式会社に関する説明として誤っているものを，次のア～エから１つ選びなさい。（　　　）　　　　　　　　　　　　　　（清明学院高）

ア　株式会社は，株式を発行し，多数の人から資金を集めることができる。

イ　株式会社が負債を抱えて倒産した場合，株主は出資した金額以上の負債を負う。

ウ　株主は，株主総会に出席し，経営方針などの重要な議決を行うことができる。

エ　株主は，会社が利益を上げると，持ち株に応じて配当を受け取ることができる。

(6) 消費者の四つの権利にあてはまらないものを，次のア～エから１つ選びなさい。（　　　）　　　　　　　　　　　　　　　（金光大阪高[改題]）

ア　知らされる権利　　イ　選ぶ権利

ウ　安全を求める権利　　エ　教える権利

▶▶▶▶ **実戦問題** ◀◀◀◀

1 次の(1)〜(3)の問いに答えなさい。 (高知県)

(1) 右の資料 I は，「GAFA」と呼ばれるア
メリカの巨大な情報技術関連企業 4 社の
収益が拡大していることを伝える 2020 年
10 月 31 日の新聞である。これらの企業の
ように，多くの国に拠点をもち，世界的規
模で活動している企業を何というか。最も
適切なものを，次のア〜エから 1 つ選び，
その記号を書きなさい。（　　）

資料 I

(高知新聞 2020 年 10 月 31 日付朝刊による)

ア　株式会社　　イ　多国籍企業　　ウ　ベンチャー企業　　エ　公企業

(2) クーリング・オフ制度は，商品を契約したり購入したりするときに，消費者
を守るしくみの 1 つである。訪問販売や電話勧誘販売の場合，クーリング・
オフ制度により，消費者はどのようなことができるか。「契約」と「期間」の
2 つの語を使って，簡潔に書きなさい。

（　　　　　　　　　　　　　　　　　　　　　　　　　　　　　）

(3) 次の資料 II は，自由な競争が行われている場合の，ある商品の需要と供給
と価格の関係を表したグラフであり，A は需要曲線を，B は供給曲線を示し
ている。資料 II 中の価格 P 円は，市場で実際に取り引きされるときの価格で
ある市場価格のうち，需要量と供給量が一致した価格を示している。この P
円のように，需要量と供給量が一致する価格を何というか，書きなさい。

（　　　　　　　価格）

資料 II

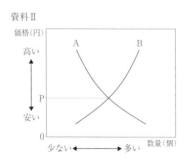

2 次の文章を読んで，各問いに答えなさい。 (東山高)

　　生産・流通・消費といった経済活動を営んでいる単位を①経済主体といいます。経済主体は　あ　・家計・企業といった経済活動を営んでいます。各経済主体は相互に結びつき，互いに影響し合う関係にあります。

　　市場経済においては家計が商品の買い手（消費者）となり，企業が売り手（供給者）となります。市場で自由な競争が行われていると，双方の取り引きの中で②価格が決定され，その価格に応じて社会全体の生産や消費が調整されます。このような機構のことを市場メカニズムといいます。

(1)　文中および図1の　あ　にあてはまる同一の語句を答えなさい。

（　　　　　　）

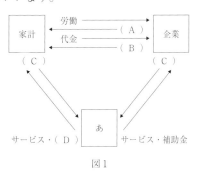

図1

(2)　下線部①について，経済主体を示す図1の（　A　）〜（　D　）にあてはまる語句を語群より選び，記号で答えなさい。

A（　　　）　B（　　　）

C（　　　）　D（　　　）

語群

　　ア　社会保障　　　イ　貯金　　ウ　賃金

　　エ　モノ・サービス　オ　輸出　　カ　租税

(3)　図2の　A　・　B　にあてはまる語句を答えなさい。

A（　　　）　B（　　　）

(4)　下線部②について，図2において　A　と　B　の量が一致する価格Pを示す語句を答えなさい。（　　　　）

(5)　図2の（　C　）を示す内容として正しいものを次のア〜エより1つ選び，記号で答えなさい。（　　　）

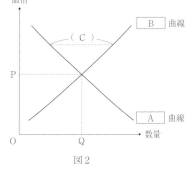

図2

　　ア　売れ残る量　　イ　生産した量　　ウ　不足した量　　エ　売れた量

6 財政・金融

▶▶▶▶ 1問1答 ◀◀◀◀　次の □ に適当な語句を書きなさい。

(1) 日本銀行は**個人や一般企業とは取引をせず**，金融機関との間で資金の融通を行う。このような日本銀行の役割を何というか。

(2) 日本銀行が金融市場で，有価証券の売買を通じて**通貨供給量を調整する**ことを何というか。

(3) 経済の安定化のため，**政府**は公共事業を増やしたり，減税を行ったりするが，このような政策を何というか。

(4) 所得が高いほど税率が高くなる課税制度のことを何というか。

(5) **所得税・法人税**などのように，税を負担する者と納める者とが同じである税を何というか。

(6) 商品やサービスの購入の際にその価格に応じて課される**間接税**を何というか。

(7) **地方公共団体**の歳入の約4割を占める財源は何か。

(8) 各地方公共団体の**歳入の地域差を補う**ために，国が援助するものを何というか。

(9) 地方財政の歳入の中で，義務教育費・社会保障費などの**使途を指定して**，その経費の一部を国が負担するものを何というか。

(10) 歳入の不足を補うため，国民などから資金を集め，**国が発行する**ものを何というか。

(11) 外国との取引の際に必要な，国ごとに定められ，日々変動する**貨幣の交換比率**を何というか。

(12) 円の価値が外国の貨幣に対して高まることを**円高**という。この状態のとき，日本の輸出企業は有利になるか，不利になるか。

(13) 貿易をめぐり，国家間の**収支の不均衡**によっておこる問題を何というか。

▶▶▶▶ 4択問題 ◀◀◀◀

(1)　地方税にあたるものを，次のア～エから1つ選びなさい。（　　　　）

（立命館宇治高）

　　ア　相続税　　イ　住民税　　ウ　法人税　　エ　所得税

(2)　国税でないものを，次のア～エから1つ選びなさい。（　　　　）（橿原学院高）

　　ア　所得税　　イ　贈与税　　ウ　固定資産税　　エ　法人税

(3)　現在の日本では累進課税制度が採用されているが，累進課税が適用される租税の例として正しいものを，次のア～エから1つ選びなさい。（　　　　）

（東大谷高）

　　ア　所得税　　イ　酒税　　ウ　住民税　　エ　関税

(4)　景気を刺激するためにおこなうこととして誤っているものを，次のア～エから1つ選びなさい。（　　　　）　　　　　　　　　　　　　（花園高）

　　ア　公共事業を増やす。　　　イ　雇用保険の給付を増やす。

　　ウ　減税をおこなう。　　　　エ　地方公共団体への補助金を減らす。

(5)　銀行について述べた文として誤っているものを，次のア～エから1つ選びなさい。（　　　　）　　　　　　　　　　　　　　　　　　　（大谷高）

　　ア　銀行は，人々の貯蓄を預金として集め，それを家計や企業に貸し出している。

　　イ　銀行は，貸し出し先から利子を取り，預金者には利子を支払っている。

　　ウ　銀行は，預金金利を貸し出し金利より高く設定し，その差額を収入としている。

　　エ　銀行は，はなれた土地へ送金する手段として為替をおこなっている。

(6)　金融について述べた文として正しくないものを，次のア～エから1つ選びなさい。（　　　　）　　　　　　　　　　　　　　　　　　（早稲田摂陵高）

　　ア　銀行は預金者に利子を支払うが，より高い利子で貸し付けを行い，差額を利益にする。

　　イ　日経平均株価とは，日本の証券取引所に上場する約1700社の株式の平均株価である。

　　ウ　日本の中央銀行は，日本銀行であり，紙幣を発行できる唯一の機関である。

　　エ　年金基金は，集めたお金で株式を売買するなどの資産運用を行っている。

▶▶▶▶ **実戦問題** ◀◀◀◀

1 次の日本の歳入・歳出のグラフを見て，後の問いに答えなさい。

（清明学院高）

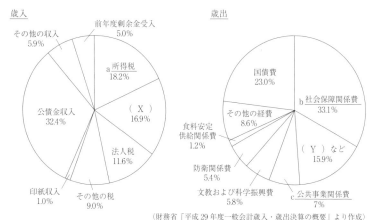

（財務省「平成29年度一般会計歳入・歳出決算の概要」より作成）

(1) 歳入の円グラフ中の空欄（ X ）に入る適切な語句を次のア～エから1つ選び，記号で答えなさい。（　　　）

ア　相続税　　イ　消費税　　ウ　贈与税　　エ　市町村民税

(2) 歳入の円グラフ中の下線部aについて述べた次の文ア～エのうち，正しいものを1つ選び，記号で答えなさい。（　　　）

ア　国税である所得税は所得の高い人ほど高くなる累進課税の方法がとられている。

イ　国税である所得税は所得の高い人ほど低くなる累進課税の方法がとられている。

ウ　地方税である所得税は所得の高い人ほど高くなる累進課税の方法がとられている。

エ　地方税である所得税は所得の高い人ほど低くなる累進課税の方法がとられている。

(3) 歳出の円グラフ中の空欄（ Y ）には地方自治体の収入の格差を少なくするために交付される資金が入る。この資金を何というか答えなさい。

（　　　　　　　）

(4)　歳出の円グラフ中の下線部 b について，日本の社会保障制度の四つの柱の
うち，「生活保護」はどれに当てはまるか，次の**ア～エ**から 1 つ選び，記号で
答えなさい。（　　　　）

ア　公的扶助　　**イ**　公衆衛生　　**ウ**　社会福祉　　**エ**　社会保険

(5)　歳出の円グラフ中の下線部 c に関連する次の文を読み，①～③の〈　　　〉
に当てはまる語句をそれぞれ**ア・イ**から選び，記号で答えなさい。

①（　　　　）②（　　　　）③（　　　　）

　　一般に，好景気のときには，景気が行き過ぎて物価が上昇する①〈**ア**　イ
ンフレーション　　**イ**　デフレーション〉が起きる危険性があるため，政府
は公共事業への支出を②〈**ア**　増加　　**イ**　減少〉させ，日本銀行は国債な
どを③〈**ア**　銀行へ売る　　**イ**　銀行から買う〉ことで景気の安定化を図る。

2　金融のしくみに関する次の**A・B**の各文について，(1)～(3)の各問いに答えな
さい。
（金光大阪高）

A：1 台 1 万円のゲーム機を日本からアメリカへ輸出した。当初は 1 ドルがちょ
うど 100 円だったので，100 ドルで販売した。ところが，(a)しばらくして 1
ドルが 90 円になった。

B：日本銀行は国の金融制度の中心機関であり，(b)一般の銀行とはまったく異
なる働きをしている。また，中央銀行として(c)日本銀行券を発行できる唯一
の銀行である。

(1)　下線部(a)のような状態を何というか，答えなさい。（　　　　　　）

(2)　下線部(b)について述べた文として誤っているものを次の**ア～エ**の中から 1
つ選び，その記号で答えなさい。（　　　　）

ア　企業や個人に資金を貸しつけることを通して，国内の通貨の流通を円滑
にする。

イ　一般の銀行に資金を貸し出したり，一般の銀行から預金を受け入れたり
する。

ウ　金融政策によって，市場に出回っている通貨の量の調整をする。

エ　税金などの政府の収入を預かったり，政府に代わって支払いを行ったり
する。

(3)　下線部(c)がさす日本銀行の別称を何というか，答えなさい。（　　　　　　）

7 国際社会

▶▶▶▶ 1問1答 ◀◀◀◀　次の ▭ に適当な語句を書きなさい。

(1)　1956年の日ソ共同宣言でソ連との国交が回復し，直後に日本の加盟が認められるようになった国際組織を何というか。

(2)　(1)の主要機関の中で，平和と安全の維持のため，おもな任務を負う機関を何というか。

(3)　(2)の機関の決定については，5つの常任理事国のうち1国でも反対すれば否決されるが，この権限を何というか。

(4)　オランダのハーグに置かれた(1)の主要機関は何か。

(5)　1975年に始まり，その後毎年開催されている，主要国の首脳が集まって世界経済などの問題について話し合う会議を何というか。

(6)　先進国と発展途上国との間には大きな経済格差があり，国際問題の1つとなっている。この問題を何というか。

(7)　第二次世界大戦後，アメリカとソ連を中心に武力を用いない対立が続いたが，このような国際情勢を何というか。

(8)　沿岸国が水産資源や鉱物資源を開発・利用する権利を認められる，海岸から200海里までの領域を何というか。

(9)　太平洋戦争中から現在にいたるまで，ソ連，ついでロシアに占領されている日本固有の領土を何というか。

(10)　東シナ海南西部に位置し，日本が国有化しているが，中国や台湾が領有権を主張している島々を何というか。

(11)　同盟国などに武力攻撃があったとき，自国の平和と安全を守るため，その国と共同して防衛行動をとることを何というか。

(12)　地域紛争やテロなどによって生命の危険にさらされ，住む土地を追われる人々が増えている。このような人々を何というか。

(13)　パキスタン出身の人権運動家で，特に女性が教育を受ける権利を訴えてノーベル平和賞を受賞した人物はだれか。

▶▶▶▶ 4択問題 ◀◀◀◀

⑴　1987 年に米ソで締結され 2019 年に失効した条約として正しいものを，次の
　　ア〜エから 1 つ選びなさい。（　　　　）　　　　　　　　　　（京都女高）

　　ア　部分的核実験禁止条約　　イ　核兵器不拡散条約

　　ウ　中距離核戦力全廃条約　　エ　戦略兵器削減条約

⑵　自衛隊や PKO について述べた文として誤っているものを，次のア〜エから
　　1 つ選びなさい。（　　　　）　　　　　　　　　　　　　　（福岡大若葉高）

　　ア　自衛隊は，主に国の防衛と災害派遣，国際社会の平和や安定に向けた活動
　　　　に取り組んでいる。

　　イ　文民統制にもとづき，自衛隊の最高指揮権は文民である防衛大臣が担って
　　　　います。

　　ウ　1991 年の湾岸戦争をきっかけに日本の国際貢献のあり方が議論され，翌
　　　　年 PKO 協力法が成立しました。

　　エ　PKO は，原則として紛争が起きている国の同意に基づいて行われるので，
　　　　憲法第 9 条との関係で，自衛隊の海外派遣は慎重に考える必要があります。

⑶　紛争や迫害による難民の保護と支援を目的として，国際連合の総会によって
　　設立された機関の略称として正しいものを，次のア〜エから 1 つ選びなさい。

　　　　　　　　　　　　　　　　　　　　　　（　　　　）（大阪偕星学園高）

　　ア　UNHCR　　イ　UNESCO　　ウ　UNEP　　エ　UNICEF

⑷　自由で公正，無差別な貿易を維持するための国際機関の名称を，次のア〜エ
　　から 1 つ選びなさい。（　　　　）　　　　　　　　　　　　（立命館宇治高）

　　ア　ILO　　イ　WTO　　ウ　IMF　　エ　WHO

⑸　主に地球温暖化が原因で起こる現象として最も適当なものを，次のア〜エか
　　ら 1 つ選びなさい。（　　　　）　　　　　　　　　　　　　（育英西高）

　　ア　海水面が上昇する。　　　イ　強い酸性雨が降る。

　　ウ　紫外線量が増加する。　　エ　地盤沈下が発生する。

⑹　アメリカは米国同時多発テロ後のテロに備えて，テロ組織を支援する政府を
　　打倒する戦いをはじめた。その戦争を，次のア〜エから 1 つ選びなさい。

　　　　　　　　　　　　　　　　　　　　　　（　　　　）（精華女高）

　　ア　湾岸戦争　　イ　イラク戦争　　ウ　第 4 次中東戦争　　エ　太平洋戦争

▶▶▶▶ 実戦問題 ◀◀◀◀

1 次の文章を読み，後の問いに答えなさい。 (千葉県)

　国際連合は 1945 年に発足しました。総会をはじめとする六つの主要機関から構成され，a 様々な専門機関やその他の機関と協力して，b 世界の平和と安全の維持を図るために活動しています。

(1) 下線部 a に関連して，次の文中の ▢ にあてはまる国際連合の機関の略称として適当な語をアルファベットの大文字またはカタカナで書きなさい。

(　　　　　　　)

　　国連児童基金（▢）は，発展途上国の子どもたちへの支援などに取り組んでおり，世界各地で，教育などの支援活動をしている。

(2) 下線部 b に関連して，次の資料は，みさとさんが，安全保障理事会について調べたことをまとめたレポートの一部である。資料中の Ⅰ ， Ⅱ にあてはまる語の組み合わせとして最も適当なものを，後のア～エのうちから 1 つ選び，その符号を書きなさい。(　　　)

資料　みさとさんのレポートの一部

　　右の写真は，国際連合の旗です。背景は青で，中央に白い紋章が描かれています。これは，世界地図のまわりを平和を意味するオリーブの枝葉で飾ったものです。国際連合の中で，世界で生じている紛争の解決を目指し，平和の維持を担当するのが安全保障理事会です。安全保障理事会は，国際連合の中でも強い権限を有しています。また，重要な問題の決定にあたっては，アメリカ合衆国，イギリス， Ⅰ ，ロシア，中国の 5 か国の常任理事国のうち 1 か国でも反対すると決定できないこととなっており，常任理事国が持つこの権利を Ⅱ とよびます。

　ア　Ⅰ：フランス　　Ⅱ：拒否権　　　イ　Ⅰ：ドイツ　　Ⅱ：拒否権
　ウ　Ⅰ：フランス　　Ⅱ：請願権　　　エ　Ⅰ：ドイツ　　Ⅱ：請願権

2 次の文章を読んで，後の問いに答えなさい。 （京都産業大附高）

　現在世界は，深刻な地球環境問題に直面しています。地球温暖化や酸性雨，オゾン層の破壊や砂漠化など，ある地域や少数の国だけでは解決できない課題がたくさんあります。1992 年に開催された国連（　1　）会議は「地球サミット」と呼ばれ，地球温暖化対策の柱となる「（　2　）条約」などが署名されました。そして，この条約を受けて開催された「①COP3」では，国や地域ごとに二酸化炭素などの削減目標を数値化して定めました。

　また，産業の発展や生活の向上に欠かせない発電ですが，これまでの主力であった石炭や石油，天然ガスなどの（　3　）燃料をエネルギーとする火力発電は二酸化炭素を大量に排出し，加えて将来に向けた燃料の確保が不安定なため，他のエネルギーへの転換が求められています。

(1)　文中の空らん（　1　）～（　3　）にあてはまる適当な語句を答えなさい。

　　　1（　　　　　）　2（　　　　　）　3（　　　　　）

(2)　下線部①が開催された日本の都市はどこですか。（　　　　　）

(3)　次のグラフは二酸化炭素の国別排出量の割合を示しています。グラフの　A　～　C　に入る国名を答えなさい。

　　　なお，　A　と　C　は近年急激に二酸化炭素の排出量を増やしていますが COP3 では削減義務を負っていません。そのことに対する不満もあって　B　は削減目標を定めた議定書に署名していません。

　　　A（　　　　　）　B（　　　　　）　C（　　　　　）

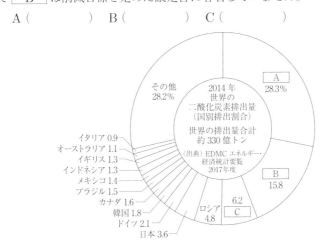

JCCCA　「世界の二酸化炭素排出量」ホームページより作成

8 現代社会の課題 近道問題

▶▶▶▶ 1問1答 ◀◀◀◀ 次の ___ に適当な語句を書きなさい。

(1) **対立**を解決へと導くには，一定の**合意**が必要である。民主政治で，より多くの人の意見をいかすためによくとられる方法は何か。 ___

(2) わが国では，**出生率**が低下し，全人口に占める高齢者の割合が高くなってきているが，これを何というか。 ___

(3) 社会保障の柱（**社会保険・社会福祉・公的扶助・公衆衛生**）のうち，生活に困っている人への援助を目的とするのはどれか。 ___

(4) **40歳以上**の国民を被保険者とし，市町村から要介護認定を受けた者に給付を行うことを定めた社会保険の制度は何というか。 ___

(5) **社会福祉**の仕事にたずさわる内閣の省庁はどこか。 ___

(6) **仕事と家庭生活を両立**し，みんなが自分らしい働き方を実現できることをめざす考え方を何というか。 ___

(7) 日本で発生した**四大公害病**とは，水俣病・新潟水俣病・四日市ぜんそくともう1つは何か。 ___

(8) 公害に対して広い視野に立って問題の解決にあたるため，1993年，**公害対策基本法**にかわって成立した法律は何か。 ___

(9) 大規模な開発を行う場合，自然環境にどのような影響があるかを**事前に**調査し，評価することを何というか。 ___

(10) 2020年にフランスで開かれた国際会議で採択され，**温室効果ガスの削減**をめざした取り決めを何というか。 ___

(11) ソーラーパネルのある一般家庭や学校などで，**再生可能エネルギー**をつくり出す発電方法を何というか。 ___

(12) **東日本大震災**の後に，安全点検のために稼働を停止したが，順次再稼働が進められている発電所で行われている発電方法は何か。 ___

(13) 甚大な自然災害の発生時に，自主的に社会事業などに加わり，**無償で奉仕活動を行う**人々がいる。このような人々を何というか。 ___

▶▶▶▶ **4択問題** ◀◀◀◀

(1) 現代の高度情報社会は，大量の情報にあふれています。こうした社会で求められる「情報リテラシー」の説明として正しいものを，次のア～エから1つ選びなさい。（　　　　）　　　　　　　　　　　　　　　　　（大谷高）

　ア　現金のやりとりをしなくても商品を購入できるシステムのこと。

　イ　個人情報の流出を防ぐためのセキュリティ・システムのこと。

　ウ　いつでも，どこでも，だれとでも，すぐに双方向で情報をやり取りできること。

　エ　情報を正しく選択したり，判断したりできること。

(2) 社会で生きていくために必要な「効率」の説明文として適当なものを，次のア～エから1つ選びなさい。（　　　　）　　　　　　　　　（大阪高［改題］）

　ア　資源を無駄なく使うことで，だれの満足も減らすことなく全体の満足を増やすこと。

　イ　一人ひとりの置かれている状況に目を向け，特定の人が正当な理由もなく不利な扱いを受けることがないようにすること。

　ウ　自分の意見を主張するだけではなく，相手の話をよく聞いて，互いに受け入れることのできる解決策を求めていくこと。

　エ　人間には個性があり，考え方やも求めるものが違うため争うこと。

(3) 地方自治をより活性化させるため，各地でさまざまな活動や試みが行われています。このことと関連がないと考えられるものを，次のア～エから1つ選びなさい。（　　　　）　　　　　　　　　　　　　　（大阪星光学院高）

　ア　ふるさと納税　　　イ　オンブズパーソン制度

　ウ　NPO　　　　　　　エ　シビリアンコントロール

(4) 2020年4月にある都道府県において，18歳未満の子どもを対象に「ネット・ゲーム依存症対策条例」が施行されました。この条例が施行された都道府県として正しいものを，次のア～エから1つ選びなさい。（　　　　）　（大阪桐蔭高）

　ア　愛知県　　イ　広島県　　ウ　香川県　　エ　佐賀県

(5) 2050年の日本の全人口に占める65歳以上の高齢者の割合は何％と予想されているか。次のア～エから1つ選びなさい。（　　　　）　　（京都精華学園高）

　ア　5％　　イ　20％　　ウ　40％　　エ　60％

▶▶▶▶ 実戦問題 ◀◀◀◀

1 トラブルを調整し，互いに納得できる解決策をつくっていく際には，効率や公正の面から検討することが大切である。　　　　　　　　　　　　（鹿児島県）

　あるスーパーマーケットでは，図1のように，客がレジに自由に並んでいたが，客からの「出入口に近いレジだけがいつも混んでいる。」，「混んでいないレジに並んだが，前の客の会計に時間がかかり，あとから他のレジに並んだ客のほうが早く会計を済ませていた。改善してほしい。」といった要望が多かった。そのため，図2のように客が一列に整列したうえで順次空いたレジへ進む方法に変更した結果，客からも好評であった。どのような点が好評だったと考えられるか，効率，公正ということばを使い，40字以上50字以内で書け。

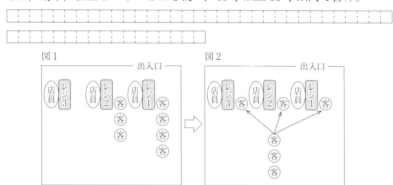

図1　　　　　　　　　　　　　　　図2

2 次の文章を読んで，各問いに答えなさい。　　　　　　　　　　（大阪商大堺高）

　家族の形は時代とともに変化してきました。高度経済成長期が始まったころは，祖父母と一緒に暮らす三世代家族も数多くみられました。しかし，現在では生まれる子どもの数が少なくなる少子化と，高齢者の割合が増える高齢化が同時に進行する①少子高齢化に直面しており，数多くみられた三世代家族は減少し，②核家族に加えて，一人で暮らす人も増え，さまざまな家族形態がみられるようになりました。

　また，わが国には，「男性は仕事，女性は家事と育児」という固定的な役割分担の考えが残っていることや，③職場などでの性的ないやがらせも問題となっています。雇用に関しては，1985年に④男女雇用機会均等法が制定され，雇用における女子差別が禁止されました。さらに，1999年には男女共同参画社会

基本法が制定され，男性も女性も対等に参画し活動できる社会を創ることが求められています。

(1) 下線部①に関する文として正しいものを，次のア〜エより１つ選び，記号で答えなさい。（　　　　）

　　ア　15歳未満の年少人口の割合が低く65歳以上の老年人口の割合が高い社会を少子高齢社会という。

　　イ　一人の女性が１年間に生む子どもの平均人数のことを合計特殊出生率という。

　　ウ　60歳以上の割合（高齢化率）が７％をこえた社会を高齢社会という。

　　エ　一人の女性が10年間に生む子どもの合計を合計特殊出生率という。

(2) 下線部②の構成として誤っているものを，次のア〜エより１つ選び，記号で答えなさい。（　　　　）

　　ア　夫婦と妻の父　　　　イ　夫婦と未婚の子ども

　　ウ　母と未婚の子ども　　エ　夫婦のみ

(3) 下線部③に関して，男女双方に対する性的ないやがらせのことを何といいますか，カタカナ10文字以上で答えなさい。（　　　　　　）

(4) 下線部④の内容として誤っているものを，次のア〜エより１つ選び，記号で答えなさい。（　　　　）

　　ア　事業主は，労働者の募集及び採用について，その性別にかかわりなく均等な機会を与えなければならない。

　　イ　事業主は，労働者からの介護休業申出があったときは，当該介護休業申出を拒むことができない。

　　ウ　事業主は，女性労働者が婚姻したことを理由として，解雇してはならない。

　　エ　事業主は，女性労働者が婚姻し，妊娠し，又は出産したことを退職理由として予定する定めをしてはならない。

3　次の表は，「鳥取県令和新時代創生戦略」の基本方針の一部を示したものである。この表をみて，後の各問いに答えなさい。
(鳥取県)

表

豊かな自然でのびのび 鳥取らしく生きる	観光・交流　　農林水産業　　エコスタイル
人々の絆が結ばれた 鳥取のまちに住む	出会い・(a)子育て　　人財とっとり　　(b)支え愛
幸せを感じながら 鳥取の時を楽しむ	移住・定住　　働く場　　まちづくり

「第2期鳥取県総合戦略『鳥取県令和新時代創生戦略』」より作成

(1)　表中の下線部(a)に関連して，次のグラフ1は，鳥取県の人口の推移，グラフ2は，鳥取県の世帯数の推移，グラフ3は，鳥取県の1世帯あたりの家族構成の推移を示したものである。グラフ1～グラフ3から読み取ることができることとして，最も適切なものを，後のア～エから1つ選び，記号で答えなさい。(　　　)

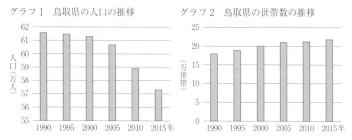

グラフ1　鳥取県の人口の推移

グラフ2　鳥取県の世帯数の推移

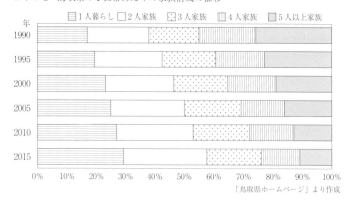

グラフ3　鳥取県の1世帯あたりの家族構成の推移

「鳥取県ホームページ」より作成

ア　近年，人口が増加し，世帯数が減少しているのは，4人家族や5人以上家族の割合の増加が理由のひとつであると考えられる。

イ　近年，人口が増加し，世帯数が減少しているのは，1人暮らしや2人家族の割合の増加が理由のひとつであると考えられる。

ウ　近年，人口が減少し，世帯数が増加しているのは，4人家族や5人以上家族の割合の増加が理由のひとつであると考えられる。

エ　近年，人口が減少し，世帯数が増加しているのは，1人暮らしや2人家族の割合の増加が理由のひとつであると考えられる。

(2)　表中の下線部(b)に関連して，次のグラフ4中のア〜エは，アメリカ，イギリス，ドイツ，日本のいずれかの65歳以上の高齢者が人口に占める割合（高齢化率）の推移と将来の推計を示したものである。後の会話は，あきらさんとかおりさんが，グラフ4をみて話し合ったものである。会話を参考に，日本をあらわしたものとして，最も適切なものを，グラフ4中のア〜エから1つ選び，記号で答えなさい。（　　　）

グラフ4　65歳以上の高齢者が人口に占める割合（高齢化率）の推移と将来の推計

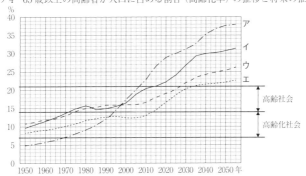

「内閣府ホームページ」より作成

会話

あきらさん：1950年代の日本の高齢化率は，それほど高くないね。

かおりさん：日本は1970年代には高齢化社会になっているよ。また，日本は他の国と比べて，最も急激に高齢化が進んだといえるね。

あきらさん：2030年には，日本の人口の3割以上が65歳以上の高齢者になっていることが予測されているね。

9 正式名称を答える問題 近道問題

▶▶▶▶ 1問1答 ◀◀◀◀　次の ▢ に適当な語句を書きなさい。

⑴ 1967年にタイなど5か国で設立された地域協力機構で，現在は10か国が加盟している**ASEAN**の正式名称は何か。 ▢

⑵ 日本やアメリカなど，環太平洋地域の国々による包括的な経済の自由化を目的に組織された**TPP**の正式名称は何か。 ▢

⑶ 2国間または地域間で関税などの障壁を撤廃し，自由な貿易を行うことを取り決める**FTA**の正式名称は何か。 ▢

⑷ ある国内で一定期間に生産された財貨・サービスの価値額の合計を意味する**GDP**の正式名称は何か。 ▢

⑸ 1995年にGATTを発展させる形で成立し，世界貿易の自由化や秩序維持をめざしている**WTO**の正式名称は何か。 ▢

⑹ 国際連合の専門機関の1つで，全世界の人類の健康維持のため，保険事業を展開している**WHO**の正式名称は何か。 ▢

⑺ 国際連合の専門機関の1つで，教育・科学・文化を通じた国際協力の発展をめざし，世界遺産の登録や保護なども行っている**UNESCO**の正式名称は何か。 ▢

⑻ 国際連合の専門機関の1つで，おもに発展途上国の児童の救済活動を行っている**UNICEF**の正式名称は何か。 ▢

⑼ 国際連合の専門機関の1つで，為替相場の自由化と安定を目的として1945年に設立された**IMF**の正式名称は何か。 ▢

⑽ 開発途上国に対し，先進国が中心となって技術や資金の援助を行っている**ODA**の正式名称は何か。 ▢

⑾ 人権問題など広い分野で国際的な活動を行っている**NGO**の正式名称は何か。 ▢

⑿ 国際連合が紛争地域に軍や人員を送って治安維持などにあたるしくみで，日本も自衛隊を派遣してきた**PKO**の正式名称は何か。 ▢

解答・解説
近道問題

1. 日本国憲法

(1) 政府　(2) 国民　(3) 信託　(4) 権威　(5) 権力　(6) 福利　(7) 平和　(8) 理想　(9) 信義　(10) 象徴　(11) 主権　(12) 総意　(13) 助言　(14) 承認　(15) 戦争　(16) 国際紛争　(17) 放棄　(18) 戦力　(19) 交戦　(20) 基本的人権　(21) 永久　(22) 個人　(23) 幸福追求　(24) 公共の福祉　(25) 尊重　(26) 法の下　(27) 政治　(28) 表現　(29) 職業選択　(30) 文化　(31) 最低　(32) 教育　(33) 義務　(34) 勤労　(35) 裁判所　(36) 国権　(37) 立法　(38) 四十　(39) 三十　(40) 三分の二　(41) 弾劾　(42) 国務　(43) 良心　(44) 憲法　(45) 法律　(46) 総　(47) 三分の二　(48) 発議　(49) 国民　(50) 過半数

□ 1問1答 □

(1) 大日本帝国憲法　(2) 1947 年 5 月 3 日　(3) 最高法規　(4) 国民主権（主権在民）　(5) 象徴　(6) 国事行為　(7) 立法機関　(8) 戦力　(9) 文民統制（シビリアンコントロール）　(10) 国民投票　(11) 公共の福祉　(12) 社会保障制度　(13) 納税の義務

◇ 4択問題 ◇

(1) イ　(2) イ　(3) イ　(4) ア　(5) ウ

■ 実戦問題 ■

1 (1) エ　(2) ウ

2 (1) イ　(2) ウ　(3) ア　(4) ア

◇ 解説 ◇

1 (1) 憲法改正についての具体的な手続きは，国民投票法に規定されている。

(2) 平和主義に関する条文。

2 日本国憲法の第 1 条では国民主権と天皇の地位，第 9 条では平和主義，第 13 条では基本的人権について規定されている。

2. 基本的人権

□ 1問1答 □

(1) ワイマール憲法　(2) 国際人権規約　(3) 労働三権　(4) 労働基準法　(5) 男女雇用機会均等法　(6) 男女共同参画社会基本法　(7) 環境権　(8) プライバシーの権利　(9) 知る権利　(10) 自己決定権　(11) バリアフリー

◇ 4択問題 ◇

(1) イ　(2) イ　(3) ア　(4) ア　(5) エ　(6) ウ

■ 実戦問題 ■

1 (1) 人民　(2) 基本的人権　(3) 市民革命　(4) ウ　(5) ワイマール憲法　(6) ウ

2 (1) あ．自由　い．資本主義　う．貧富

(2) ワイマール憲法　(3) エ　(4) ノーマライゼーション　(5) ユニバーサルデザイン

◇ 解説 ◇

1 (1) アメリカ大統領のリンカーンが，南北戦争中に激戦地ゲティスバーグでの演説でうったえた言葉。

(2) 日本国憲法の三つの基本原則のうちの一つが「基本的人権の尊重」となっている。

(3) イギリスの清教徒革命・名誉革命やフランス革命が代表的なもの。

(4) ロックは『市民政府二論』を著し，抵抗権を唱えた。

(5) 1919 年に制定された，当時の世界で最も民主的とされていた憲法。

(6) 国は情報公開法，地方公共団体はそれぞれで定めた情報公開条例に基づき，情報を公開している。

2 (1) あ．国家権力から不当に侵害・干渉されることなく，自由に行動することができる権利。日本国憲法が定める自由権は，

精神の自由，身体の自由，経済活動の自由に分けられる。い．企業が，資本をもとに土地や建物などの生産手段を私有し，労働者を雇い，利潤追求を目的として自由競争を行う経済体制。

(2) 1919年にドイツで制定された憲法。生存権や労働者の団結権などの社会権を保障した。

(3) エは第28条の内容。

(5) 言葉や文化，年齢，性別，身体能力を問わず，誰にでも使いやすいように配慮されたデザイン。写真のケトルの場合，目の不自由な人でも使いやすいように設計されていると考えられる。

３．国会・内閣・裁判所

□ 1問1答 □

(1) モンテスキュー　(2) 議院内閣制　(3) 国会議員　(4) 特別国会　(5) 両院協議会　(6) 弾劾裁判所　(7) 優越　(8) 閣議　(9) 国民審査　(10) 違憲〔立法〕審査権（法令審査権）　(11) 三審制　(12) 裁判員制度

◇ 4択問題 ◇

(1) イ　(2) ウ　(3) エ　(4) ア　(5) エ　(6) イ

■ 実戦問題 ■

1 (1) 1. エ　2. ア　3. ウ　(2) ア　(3) エ　(4) イ

2 (1) (a) 天皇　(b) 予算　(c) 条約　(d) 国事行為　(2) ア　(3) 閣議　(4) イ　(5) ア　(6) 〔違憲〕法令審査権（または，違憲〔立法〕審査権）　(7) エ　(8) 議院内閣制　(9) ウ　(10) イ

3 (1) 三審制　(2) 控訴　(3) 家庭（裁判所）　(4) ウ　(5) イ　(6) ① ×　② ○　③ ×　④ ×　⑤ ○

◇ 解説 ◇

1 (1) 1. 官僚とは，行政事務を担当する公務員のうち，政策に影響力を持つ上級の職員のこと。選挙によって国民に選ばれた政治家ではなく，官僚が実質的に政策の主導権を握っていることが問題視されていた。

(2) イ．法律案について両院が異なる議決をした場合の両院協議会の開催は任意。ウ．「100日以内」ではなく，60日以内が正しい。エ．「法律案」ではなく，予算案が正しい。法律案は，衆議院と参議院のどちらにさきに提出しても構わない。

(3) 憲法改正の発議は，両院において総議員の3分の2以上の賛成によって行われる。

(4) ア．参議院議員の任期は6年。ウ．内閣不信任決議の提出は，衆議院にのみ認められている。エ．参議院議員の被選挙権は満

30 歳以上。

2 (1) (a) 天皇の国事行為の一つ。(b) 内閣が提出した予算案は，先に衆議院で審議される。(c) 内閣が締結する(した)条約は，必ず国会が承認する必要がある。

(3) 内閣総理大臣と国務大臣が出席する会議で，非公開で行われる。

(4) 郵便局は，かつては国の機関だったが，郵政民営化により株式会社になった。

(6) 違憲法令審査権はすべての裁判所がもつが，特に最終決定権をもっている最高裁判所は「憲法の番人」と呼ばれる。

(7) 裁判を行うのは，司法機関の役割。

(8) イギリスで発達した制度。

(9) ア．衆議院議員の任期は 4 年。任期途中での解散もある。イ．衆議院の議員定数は465 人。エ．衆議院議員の被選挙権は 25歳以上。

(10) 特別会（特別国会）では，新しく内閣総理大臣を選ぶことになる。

3 (2) 第二審の判決に不服がある場合，上級の裁判所に対して第三審を求めることは上告という。

(4) 自白は重要な証拠である一方，それを強要されたとして被告人が無罪になった裁判の例もある。

(5) 裁判員は，量刑についても判断する。

(6) ① 心身の故障などが理由となる場合もある。最高裁判所裁判官は国民審査で罷免されることもある。③「任命」ではなく，指名が正しい。④ 内閣不信任の決議をおこなうことができるのは衆議院のみ。

┃４．選挙・地方自治┃

□ 1問1答 □

(1) 普通選挙　(2) 18 歳以上　(3) 30 歳以上　(4) 小選挙区比例代表並立制　(5) 一票の格差　(6) マニフェスト　(7) 地方自治法　(8) 条例　(9) 直接請求権　(10) リコール　(11) 選挙管理委員会　(12) 住民投票　(13) 地方分権

◇ 4 択問題 ◇

(1) ウ　(2) ア　(3) ウ　(4) イ　(5) エ　(6) エ

■ 実戦問題 ■

1 (1) ① 制限　② 普通　③ 小選挙区比例代表　④ 18　(2) エ　(3)（4番目）I（さん）（6番目）C（さん）

2 (1) ア　(2) エ　(3) ① 直接請求権　② イ

◇ 解説 ◇

1 (1) ② 日本では 1925 年に普通選挙法が制定され，男子普通選挙が実現した。④それまでは 20 歳以上の男女に認められていた。

(2) 衆議院は任期が短く解散があり，参議院よりも国民の意思を反映しやすいと考えられているため，強い権限が与えられている。

(3) ドント方式では各政党の得票数をそれぞれ，1・2・3…と自然数で割っていき，商の大きい順に当選者を決める。Aさん→Eさん→Bさん→Iさん→Fさん→Cさんの順に当選が決まる。

2 (1) アは内閣の仕事。

(2) 地方交付税交付金は，財源が豊富な東京都には配分されていない。

(3) ① 直接民主制による住民の政治参加の一つ。② 議会を構成する議員が，住民の直接選挙によって選ばれていることから考えるとよい。

5. 経済のしくみ

□1問1答□

(1)家計 (2)製造物責任法(PL法) (3)クーリング・オフ制度 (4)消費者庁 (5)自由競争 (6)均衡価格 (7)公共料金 (8)インフレーション (9)デフレーション (10)株主総会 (11)寡占 (12)公正取引委員会 (13)バブル経済

◇4択問題◇

(1)イ (2)ア (3)ア (4)ア (5)イ (6)エ

■実戦問題■

1 (1)イ (2)一定の期間のうちであれば，契約を取り消すことができる。(同意可) (3)均衡(価格)

2 (1)政府 (2)A.ウ B.エ C.カ D.ア (3)A.需要 B.供給 (4)均衡価格 (5)ア

◇解説◇

1 (3)需要量は買い手の量，供給量は売り手の量。需要と供給の関係で価格は上下し，需要と供給の一致する点に落ち着く。

2 (1)国民や企業から租税を徴収し，それを財源に必要な公共サービスなどを提供する。

(2)A.労働の対価として支払われる。B.代金が支払われていることに注目。C.家計と企業が政府に納める。D.年金保険などの社会保険や公衆衛生などが含まれる。

(3)Aは買い手，Bは売り手を表す。

(4)需要と供給の関係で価格は上下し，需要と供給の一致する点に落ち着く。

(5)供給量が需要量を上回っているので商品は売れ残り，価格は下落する。

6. 財政・金融

□1問1答□

(1)銀行の銀行 (2)公開市場操作(オープンマーケットオペレーション) (3)財政政策 (4)累進課税制度 (5)直接税 (6)消費税 (7)地方税 (8)地方交付税交付金 (9)国庫支出金 (10)国債 (11)為替相場(為替レート) (12)不利になる (13)貿易摩擦

◇4択問題◇

(1)イ (2)ウ (3)ア (4)エ (5)ウ (6)イ

■実戦問題■

1 (1)イ (2)ア (3)地方交付税交付金 (4)ア (5)①ア ②イ ③ア

2 (1)円高(または，ドル安) (2)ア (3)発券銀行

◇解説◇

1 (1)令和3年現在では，税率が上がったことで消費税の割合が所得税を上回った。

(2)累進課税の方法をとることにより，富の再分配がおこなわれるなどのメリットがある。

(3)東京都など人口や企業が多く集まる自治体と人口や企業が少ない地方では税収に格差があることから，これを是正するために交付されている。

(4)イは予防接種や感染症予防，ウは児童・高齢者福祉，エは医療保険や年金保険などが当てはまる。

(5)景気を安定させるため，政府による「財政政策」，日本銀行による「金融政策」がおこなわれ，好景気のときは市中に出回る通貨量を抑える政策が実施される。

2 (1)外国通貨に対して，円の価値が高くなることを円高という。

(2)日本銀行は「企業や個人」との取り引きはしない。

7．国際社会

□ 1問1答 □

(1) 国際連合　(2) 安全保障理事会　(3) 拒否権　(4) 国際司法裁判所　(5) 主要国首脳会議(サミット)　(6) 南北問題　(7) 冷戦(冷たい戦争)　(8) [排他的]経済水域　(9) 北方領土　(10) 尖閣諸島　(11) 集団的自衛権　(12) 難民　(13) マララ＝ユスフザイ

◇ 4択問題 ◇

(1) ウ　(2) イ　(3) ア　(4) イ　(5) ア　(6) イ

■ 実戦問題 ■

1 (1) UNICEF (または，ユニセフ)　(2) ア

2 (1) 1．環境開発　2．気候変動枠組み(または，温暖化防止)　3．化石　(2) 京都[市]

(3) A．中国　B．アメリカ　C．インド

◇ 解説 ◇

1 (2) I．安全保障理事会のすべての常任理事国は，第二次世界大戦における戦勝国(連合国)なので，「ドイツ」はあてはまらない。

2 (1) 1．約180か国と8000以上のNGOが参加し，「持続可能な開発」についての議論がなされた。2．条約の締結国会議の略称をCOPという。3．昔の地質時代の生物の遺がいが地中にうもれ，炭化してできた燃料をいう。

(2) 二酸化炭素削減の数値目標などを定めた京都議定書が採択された。

(3) A．世界最大の二酸化炭素排出国である中国では，大気汚染や水質汚濁などの環境問題も発生している。B．京都議定書締結時は最大の排出国だった。C．2017年時点でインドの人口は13億人をこえており，経済発展も著しい分，エネルギー消費量が増大している。

8．現代社会の課題

□ 1問1答 □

(1) 多数決　(2) 少子高齢化　(3) 公的扶助　(4) 介護保険制度　(5) 厚生労働省　(6) ワークライフバランス　(7) イタイイタイ病　(8) 環境基本法　(9) 環境影響評価(環境アセスメント)　(10) パリ協定　(11) 太陽光発電　(12) 原子力発電　(13) ボランティア

◇ 4択問題 ◇

(1) エ　(2) ア　(3) エ　(4) ウ　(5) ウ

■ 実戦問題 ■

1 空いているレジがないため無駄がなく効率がよく，また，並んだ順番に会計が済むため公正である。(45字)(同意可)

2 (1) ア　(2) ア　(3) セクシャル・ハラスメント(または，セクシュアル・ハラスメント)　(4) イ

3 (1) エ　(2) ア

◇ 解説 ◇

1 図2を「フォーク並び」と呼び，銀行ATM(現金自動預払機)や，公衆トイレなどでも採り入れられている。

2 (1) イ・エ．合計特殊出生率は一人の女性が一生の間に生む子どもの数のこと。ウ．高齢化率が7％をこえた社会を高齢化社会，14％をこえた社会を高齢社会，21％をこえる社会を超高齢社会という。

(2) 核家族には父と未婚の子どもも含まれる。

(3) 性別や立場，雇用形態に関わらず，心地よく働くことができる環境作りが必要不可欠とされている。

(4) イは育児・介護休業法の内容。

3 (1) 鳥取県のみならず，日本全体でも単身世帯の数は増加しており，1世帯当たりの家族構成の変化がみられる。

(2) 2030年に65歳以上の高齢者が人口に

占める割合が3割（30％）以上のグラフは
1つしかない。

9. 正式名称を答える問題

□ 1問1答 □

⑴ 東南アジア諸国連合　⑵ 環太平洋パートナーシップ［協定］　⑶ 自由貿易協定　⑷ 国内総生産　⑸ 世界貿易機関　⑹ 世界保健機関　⑺ 国連(国際連合)教育科学文化機関　⑻ 国連(国際連合)児童基金　⑼ 国際通貨基金　⑽ 政府開発援助　⑾ 非政府組織　⑿ 国連(国際連合)平和維持活動